AVIS

A MM. LES ÉLECTEURS

DU DÉPARTEMENT

DE LA LOIRE - INFÉRIEURE.

« Le Roi et la Charte. »

MESSIEURS,

Une brochure vient de paraître (1) : son objet
est évidemment d'égarer votre opinion, et, par
suite, vos suffrages.

Je ne m'attacherai point à réfuter en détail les
fausses théories de l'auteur : sa brochure prouve

---

(1) Cette brochure, imprimée chez Mellinet-Malassis, est
intitulée : *Question soumise aux Electeurs amis du Roi, de
la Charte constitutionnelle et de la paix publique; par un
Électeur de la Loire-Inférieure.*

assez qu'il comprend mal *la Monarchie constitutionnelle.*

Je ne m'attacherai pas davantage à redresser
la mauvaise application qu'il fait de certaines
citations ; ce soin m'éloignerait trop du but, et,
d'ailleurs, un combat à coup de livres, me semble
fort inutile, pour démontrer une vérité de sen-
timent.

Mais je dois reprocher à l'auteur de cette
brochure d'avoir manqué, ou d'exactitude, ou de
bonne foi,

1° *Dans la manière de poser la question ;*

2° *Et dans l'interprétation des faits qu'il invoque à
l'appui de son étrange système.*

En effet, il ne s'agit point d'élire les membres
d'une chambre qui DOIVE FORCER *le Roi à
changer son ministère* (1).

Tout le monde est d'accord sur ce point : au
Monarque *seul* appartient le droit de choisir ses
ministres ; et la chambre des Députés ne peut
s'opposer à l'exercice de ce droit inhérent à la
souveraineté.

L'auteur de la brochure que nous réfutons,
a donc imaginé une controverse qui n'existe pas
et qui même ne peut pas exister.

Pourquoi, cependant, a-t-il délayé, dans vingt
pages d'impression, la solution d'une question
fantastique ? Pourquoi ?... pour donner le change à

______

(1) P. 1 de la brochure.

des esprits qu'il savait bien ne pouvoir entraîner qu'en dénaturant les choses ; qu'en lès trompant.

En matière d'élections, il ne peut y avoir qu'une question à poser, et la voici :

Nommerons-nous pour Députés, des hommes faibles ou corruptibles, qui (de même que les trois cents de M. Villèle), *se montreront les esclaves dociles d'un autre ministère déplorable ?*

Ou bien, au contraire, *nommerons-nous des hommes connus par leur attachement à nos institutions ; des hommes qui sauront, en même temps, et respecter les prérogatives du trône, et défendre à la tribune, les libertés et les trésors de la France ?*

Voilà, disons-nous, la question : elle est toute simple, et, ainsi posée, la conscience des Electeurs pouvait aisément la résoudre.

Mais, pour leur faire illusion, il fallait changer le point de départ, créer des hypothèses et tirer de tout cela des conséquences à perte de vue. C'est aussi ce que l'on a fait. Tâchons de mettre au grand jour les intentions d'ailleurs assez mal déguisées de l'auteur de la brochure.

Dès les premières lignes, il avoue qu'il existe, en France, un parti qui ne trouva le ministère Villèle *déplorable, que parce qu'il n'avait pas assez fait pour la monarchie* (1).

____

(1) Page 1 de la brochure.

Un journal du ministère actuel va plus loin : il proclame que le système Villèle était *funeste* (1).

Cependant, personne n'ignore tout ce que ce ministère désastreux a fait et tenté de faire en faveur de la faction ; personne n'ignore *avec quelle partialité il administrait ,.... avec quelle profusion il la dotait ,..... quelles lois anti-constitutionnelles il a proposées ,..... quel système de fraude et de corruption il a introduit en matière d'élections,* etc., etc.

Eh bien ! tout cela n'était pas encore assez aux yeux de la faction ! Mais que veut-elle donc ? où s'arrêteront ses exigences ? Elle veut *l'absolutisme*, tel qu'elle l'a rétabli en Portugal ; et tout ministère qui n'aura pas replacé la société sur ses anciennes bases gothiques, sera, suivant la faction, un ministère *déplorable , funeste , qui n'aura pas assez fait en faveur de la monarchie.*

Electeurs, vous l'entendez : il faut à ce parti un ministère qui aille plus loin encore que le ministère *déplorable et funeste* !

Or, la faction absolutiste chérit et soutient le ministère Polignac et Peyronnet.

Donc la faction espère que MM. Polignac et

---

(1) La Gazette du 3 juin 1830 dit :

« *Les résultats du système de M. de Villèle nous ont paru* » FUNESTES. »

« C'est ainsi que s'exprime le journal d'un ministère où se trouve » un ministre qui a été associé pendant six ans à ce système. »

« *Funeste,* c'est pis que *déplorable...* »

Compagnie achèveront le grand œuvre à peine ébauché par le ministère Villèle. Cela est clair.

Maintenant, Electeurs, voulons-nous mettre en danger nos institutions, choisissons, pour Députés, les créatures de ce parti *qui trouve que le ministère déplorable n'a pas fait assez en faveur de la monarchie*, et bientôt nous verrons surgir de nouveau, et la loi sur le droit d'aînesse, et tant d'autres projets que la faction reproche à M. Villèle de n'avoir pas su réaliser.

Voulons-nous, au contraire, conserver telle qu'elle existe la forme de gouvernement établie par Louis XVIII? ne portons à la députation que des hommes *franchement* royalistes-constitutionnels.

Voilà le langage net et positif qu'il fallait vous parler; mais il ne pouvait pas convenir aux vues de la faction qui aperçoit chaque jour sa cause désertée par des hommes honorables que son hypocrisie avait abusés.

Elle veut ressaisir la majorité qui lui échappe de toutes parts, et pour y parvenir elle essaie encore d'effrayer les Electeurs, en leur parlant du trône, *comme s'il était en péril*, et de la révovolution, *comme si elle allait renaître*. Elle espère que ces images trompeuses lui ramèneront des Electeurs crédules; qu'épouvantés par ces chimères ils se jetteront, *sans examen*, dans un autre extrême, à peu près comme dans la frêle embarcation qui vient de pencher, la foule imprudente se précipite vers l'autre bord, au risque de tout faire chavirer.

Mais comment l'auteur de la brochure n'a-t-il pas senti que cette tactique était un moyen usé? Non, non, quoi qu'il en dise, il n'y a point, en France, *de parti ennemi du roi* (1); personne ne veut s'élancer dans l'abîme des révolutions. Le principe conservateur de la légitimité est une nécessité sociale aujourd'hui bien comprise; et, *à l'exception des absolutistes*, la France, riche et fière de ce qu'elle possède, n'a plus que l'ambition de conserver la monarchie constitutionnelle créée par l'auguste auteur de la charte. Voilà une vérité étincelante d'évidence; vérité qui ne peut plus être niée que par la mauvaise foi la plus insigne ou par l'aveuglement le plus stupide.

Electeurs, j'en appelle à vos propres observations : jetez les yeux autour de vous; examinez le caractère, les mœurs et la position sociale des hommes que la faction veut flétrir du nom de révolutionnaires; et, *la main sur la conscience*, dites-nous si vous les croyez capables d'avoir conçu l'insensé projet d'appeler, sur la patrie, les malheurs inséparables des révolutions? Dites-nous s'ils n'ont pas aussi à conserver leurs professions, leurs propriétés, et surtout une famille. Ils sont comme

---

(1) Sans doute, M. le procureur du roi n'a pas lu cette brochure, où l'on ose imprimer, page 18, l'assertion mensongère et perfide, que le roi a des ennemis.

vous et autant que vous, intéressés au maintien de l'ordre, et cet ordre dépend lui-même du maintien de nos instutitions actuelles : il ne peut subsister que sous la protection des principes de la légitimité et de la charte.

Mais que fera la nouvelle chambre, se demande, *avec une feinte anxiété*, l'auteur de la brochure ?

Elle remplira, dans les justes limites de ses droits, sa noble mission ; elle éclairera le gouvernement sur les besoins du pays ; elle votera les bonnes lois et appellera d'utiles économies dans ces prodigieuses dépenses auxquelles ne peut suffire l'énorme budget d'un milliard.

Il ne faut pas, dit l'auteur de la brochure, *réélire les 221 députés qui ont voté la dernière adresse......*

Nous vous entendons, complaisant organe du parti-absolutiste : si les 221 députés avaient (comme les 300 villélistes) prodigué au ministère les libertés et les trésors de la France, les échos de la faction nous crieraient : *nommez de nouveau ces braves gens-là !* Mais les 221 ont annoncé qu'ils rempliraient fidèlement leur mandat, et la faction n'en veut plus : cela se conçoit.

Une lutte, ajoute l'auteur de la brochure, *est engagée entre la dernière chambre et le roi* (1).

Voilà une horrible calomnie ! Non, il n'y a pas, il ne peut pas même y avoir de lutte engagée entre une chambre et le roi : il a plu à sa

____

(1) P. 2, 16, 17 et 18 de la brochure.

majesté de dissoudre la chambre des députés, et la chambre s'est dissoute sans résistance, sans murmure et avec une respectueuse soumission : où donc est la lutte ?.... Les écrivains de l'absolutisme ne prendront-ils jamais la plume que pour substituer le mensonge à la vérité !

L'auteur de la brochure insiste et prétend *que la majorité de la chambre a refusé au trône son concours* (1).

Cela n'est pas encore vrai : la chambre a seulement cru *de son devoir* d'exprimer l'opinion qu'avec le ministère actuel, le bien que se proposait la sagesse royale, était impossible.

Eh quoi! chaque particulier pourrait se plaindre des ministres. Cette phrase, *si le roi le savait*, est passée en adage ; et les représentants de la nation ne pourraient pas, dans une adresse respectueuse, énoncer la conviction que tel ministère est *peu compatible* avec le bonheur du pays ! La chambre peut mettre en accusation les ministres, et elle ne pourrait pas, à leur occasion, laisser échapper une humble observation, qu'elle croit indispensable ! Nous ne saurions le croire. Les princes les plus éclairés ne peuvent tout voir par leurs propres yeux : il leur faut des intermédiaires. Mais qui, mieux que la chambre des députés, peut fendre la foule adulatrice des courtisans, et présenter au souverain le miroir de la vérité, l'expression de l'opinion publique ?

---

(1) P. 4 de la brochure.

Ici, l'auteur de la brochure tombe dans une singulière aberration : suivant lui, *ni les élections, ni les députés n'expriment le vœu de l'opinion publique, dont le Roi est le seul interprète légal* (1).

Ainsi, quand Tibère et Néron décimaient l'empire, quand la sombre politique de Louis XI affligeait la France, et quand Charles IX ordonnait les massacres de la Saint-Barthélemy, ils étaient tous les interprètes légaux de l'opinion publique!!! Cela ferait sourire, si cela ne faisait pas horreur; et voilà pourtant comme les écrivains de l'absolutisme raisonnent *droit public* !

L'auguste auteur de la Charte voulait que *les élections servissent comme d'expression à l'opinion des peuples* (ordonnance du 13 juillet 1815).

D'après ce monarque législateur, les électeurs et les députés sont donc des organes légitimes de l'opinion. Mais comment cette opinion parviendra-t-elle à la connaissance du souverain, si l'on fausse les élections, ou si l'on impose silence aux députés? Que serait une collection d'hommes ainsi réunis? ou les *muets* du corps législatif de l'empire, ou les *complaisants* du ministère déplorable.

Non, l'opinion n'est pas mobile comme les diverses combinaisons qui peuvent produire la majorité de la chambre; la fraude et les menaces peuvent, comme cela est déjà arrivé, tromper

____

(1) Page 7.

les vœux et l'espoir de la nation ; mais faites des élections conformément à la Charte, et vous aurez toujours l'expression sincère d'une opinion publique très-réelle ; opinion que les bons rois n'ont jamais dédaignée; qu'ils ont au contraire toujours consultée.

En cherchant à éclairer le monarque sur la marche ou la direction de ses ministres, il est sans doute possible qu'une chambre se trompe ; mais, dans ce cas-là même, elle remplit un devoir *inoffensif*, puisque le prince reste toujours le maître de prendre là détermination qui lui plaît.

L'auteur de la brochure nous cite l'exemple du vertueux Louis XVI, pour justifier l'inconvénient de changer de ministres (1).

Cette citation n'est pas heureuse:

Louis XVI avait deux sages ministres, *Turgot* et *Malesherbes*.

Qui le contraignit à s'en séparer ? D'avides courtisans qui, mécontents de l'ordre et de l'économie projetés, se concertèrent avec l'homme chargé *du secret des postes*, fabriquèrent de fausses lettres, et surprirent ainsi la religion du souverain (2) ! Le burin de l'histoire a mille fois gravé cette vérité, que ce sont les courtisans, et non les peuples, qui trompent les rois.

Ajoutons que la faction des absolutistes n'est pas conséquente avec elle-même:

---

(1) Page 6 de la brochure.

(2) Hist. de France, par l'abbé Millot, tome 3, page 9.

Depuis la restauration , que de ministres se sont succédé ! La faction a provoqué, en ce genre, de nombreux changements. Alors elle se gardait bien de publier qu'improuver un ministère , c'était attaquer les prérogatives de la couronne et commettre, pour ainsi dire, un acte de rébellion. Mais la faction est ainsi organisée : dans ses mains , tous les moyens sont bons ; et, de la part des constitutionnels, l'exercice de la moindre faculté devient un crime. Voilà bien , sans doute, le langage des passions ; mais ce n'est pas celui de la vérité , et, pour la classe éclairée des électeurs , la vérité est *tout*, et les passions, *rien*.

L'auteur de la brochure ne veut pas que la chambre des députés puisse refuser le budget , et il en parle comme une partie intéressée, qui craint déjà de ne plus voir arriver son traitement.

Mais s'agit-il de cela ?

La chambre saura remplir ses devoirs à cet égard. Aucun impôt ne peut être établi sans son consentement (1). Elle a donc le droit de modifier ou de refuser les subsides selon qu'elle le jugera nécessaire dans l'intérêt bien entendu du pays. Ah! du moins que la faction n'envie pas aux mandataires de la nation le droit de contrôler l'immense budget payé par la nation elle-même !

Chez nos voisins, ce droit s'est souvent exercé, sans qu'il en soit résulté les inconvénients que l'on

---

(1) Art. 48 de la Charte Constitutionnelle.

feint de redouter; et, disons-le, si depuis seize ans, tant de députés s'étaient montrés sagement économes des trésors de la France , nous aurions moins de *sinécures*, moins de gros pensionnaires, et nos routes , nos forteresses et nos finances seraient aujourd'hui dans un bien meilleur état.

La faction trouverait plus expéditif l'impôt prélevé par simple ordonnance , souvent sans règle ni mesure ; et l'auteur de la brochure raisonne, à cet égard, comme tous les écrivains de son parti: il fait dire à l'art. 14 de la Charte , ce que cet article ne dit certainement point. Il serait, en effet, curieux qu'on détruisît la Charte , en vertu d'un article puisé dans la Charte elle-même!... La sagesse du monarque saura encore rejeter cette perfide et dangereuse insinuation; elle ne substituera point au mode constitutionnel et stable de prélever les impôts , un autre mode qui ne serait ni dans les habitudes , ni dans les mœurs de la nation. On aura beau faire , l'arbitraire ne prendra plus en France la place de la légalité.

L'auteur vante l'état des libertés dans lequel nous vivons... Il a raison, mais n'oublions pas que nous sommes redevables de ces douces libertés au gouvernement constitutionnel établi par la Charte, et que ces mêmes libertés deviendraient tout-à-fait *précaires* , si la Charte recevait les atteintes que médite de lui porter la faction absolutiste.

Il vante la prospérité de notre industrie , de notre commerce et de notre agriculture... En cela, il a tort :

Sans doute, la nation a une tendance prononcée vers le développement de tous les éléments de prospérité que lui offrent son génie, son heureux sol et sa position. Mais qui ignore que le commerce et l'industrie n'ont pas les débouchés qu'ils pourraient avoir, et que le ministère ne fait rien pour les leur procurer? Qui ignore que nos départements vignobles succombent sous le fardeau des charges qu'on leur impose? De bons députés solliciteront à cet égard les améliorations, et ils les obtiendront de la bienveillance éclairée du monarque.

Enfin, l'auteur de la brochure s'oublie jusqu'au point de supposer que la *royauté et le catholicisme sont perdus*, si les Electeurs ne se prononcent pas en faveur du ministère Polignac et Peyronnet!...

Quelle absurdité! voilà bien encore un nouvel exemple du langage hypocrite que la faction adresse aux passions; mais prend-on les Electeurs français pour la populace de Lisbonne? Chez nous, qui serait assez imbécille pour croire que tout est perdu, *Monarchie et religion*, si nos petits hommes d'état ne restent point cramponnés au timon des affaires?

Ce trône auguste, dont la Charte élargit et consolide encore les bases, n'est heureusement point subordonné à l'existence de tel ou tel ministère. A plus forte raison, en est-il ainsi de la religion que la Charte elle-même proclame la religion de l'état, de cette religion qui, pour être vénérée, n'a pas besoin d'apôtres tels que les Peyronnet et les Dudon !

Electeurs, ne vous laissez donc pas imposer par ces déclamations fallacieuses.

Le Roi a juré le maintien de nos institutions et la France a, par acclamation, enregistré cet auguste serment. La faction absolutiste se débat en vain : la monarchie constitutionnelle de Louis XVIII sortira victorieuse de tous les assauts qu'on pourra lui livrer.

Charles X ne peut vouloir que le bonheur de la patrie ; mais, pour faire le bien, il faut que le souverain connaisse la vérité, car il serait impossible de régner dans l'intérêt d'un pays dont on ignorerait et les véritables besoins et les vœux.

De loyaux députés seront vos organes au pied du trône.

En vous appelant à les choisir, le prince vous invite, par cela seul, à lui envoyer des interprètes *fidèles* de vos sentiments.

Les élire est tout à la fois un droit qu'il faut exercer et un devoir qu'il faut remplir *avec conscience.*

N'oubliez jamais que vos mandataires concourront à la confection des lois qui régiront et vos droits et ceux de vos enfants ; n'oubliez jamais que les lois, suivant qu'elles sont bonnes ou mauvaises, font la prospérité ou la ruine d'un état.

N'oubliez pas surtout que la première de nos lois, la Charte, est le gage certain du bonheur de la France. Elle a fermé l'abîme des révolutions, placé le trône au-dessus des orages et mis les droits de tous à l'abri des coups de l'arbitraire. Conservons précieusement ce bienfait.

Ne séparons jamais dans nos vœux, *le Roi de la Charte, ni la Charte du Roi.*

Le cri de ralliement de l'immense majorité des français est : *le Roi et la Charte.* Que ce soit là aussi la devise et la pensée de nos députés. En un mot, n'élevons à cette importante dignité que des hommes fermes, intègres *et franchement royalistes-constitutionnels.*

UN ÉLECTEUR.

A NANTES,
DE L'IMPRIMERIE DE VICTOR MANGIN.